Couverture Inférieure manquante

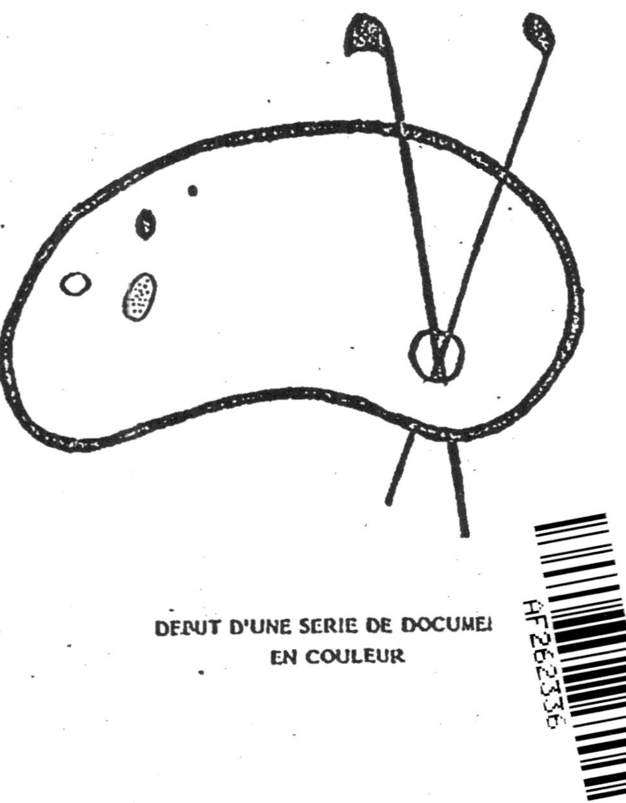

DÉBUT D'UNE SERIE DE DOCUMEl
EN COULEUR

L'Utopie Coloniale

PAR

Henry MORTIMER

Aux Bureaux du *Voltaire*

24, RUE CHAUCHAT

1899

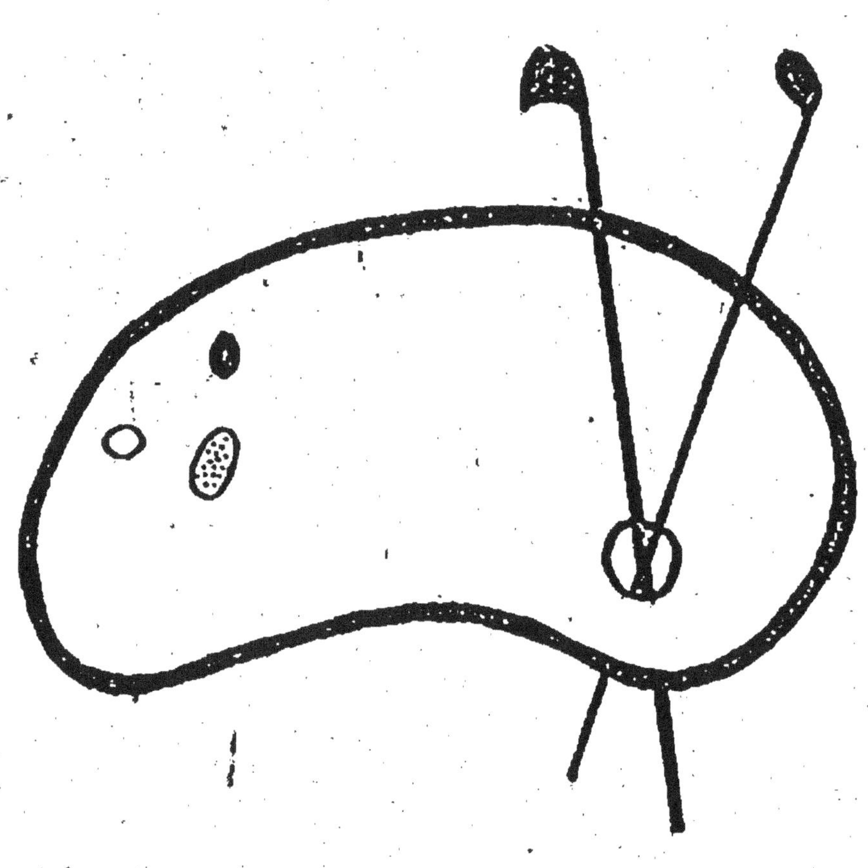

FIN D'UNE SERIE DE DOCUMENTS
EN COULEUR

A Monsieur Yves GUYOT
en témoignage d'admiration
et de respectueuse sympathie

L'UTOPIE COLONIALE

AVANT-PROPOS

Si j'en excepte M. Yves Guyot dont les *Lettres sur la Politique Coloniale* sont un monument de dialectique et de raison, la question coloniale n'a été traitée jusqu'ici, la majeure partie du temps, qu'au moyen de phrases ampoulées et sonores, et d'autant plus sonores qu'elles étaient plus vides.

Pour pousser à l'expatriation on a fait vibrer toutes les cordes sans en excepter la corde patriotique, philosophique et même humanitaire. Aux uns, on faisait entrevoir des terres d'une fertilité jusqu'ici inconnue ; à d'autres, on exaltait les richesses minières de tel ou tel pays ; devant d'autres encore, on faisait miroiter les fabuleux profits que procurait le troc avec les indigènes..... Et ce qu'il y avait de remarquable, c'est que parmi les plus fougueux apôtres de la colonisation, il était toujours extrêmement difficile d'en trouver un qui eut été ou fût en passe d'aller aux colonies. Colonisateurs en chambre, ils se bornaient à montrer, de loin, le pavillon français rayonnant, glorieux, au-delà des mers ; ils parlaient de notre prépondérance à l'extérieur, de la mission civilisatrice des peuples civilisés ; puis, tout en approuvant les doctrines protectionnistes, prêchaient sérieusement sur la nécessité qu'il y avait pour nous à nous créer sans cesse de nouveaux débouchés. Ils montraient l'Angleterre, maîtresse des mers et de colonies immenses ; ils rappelaient notre Passé : le Canada, les Indes, et Montcalm et Dupleix. Tartarins-Sancho-Pança, ils ne rêvaient rien moins que faire de leurs compatriotes des Don Quichotte à la mode de Tarascon. Et il faut reconnaître que, dans une certaine mesure, ils ont atteint leur but.

Quel est ce but, et que vaut-il ?

Je me suis efforcé dans les pages qui suivent de répondre à cette question.

***

En dehors des considérations que j'examine plus loin au sujet de cette passion colonisatrice qu'on dit enfièvrer la génération actuelle, il en est d'autres qui, pour être d'un ordre moins économique, n'en sont peut-être pas moins importantes.

Je les ai résumées dans la lettre suivante à M. Hugues Le Roux, qu'a publiée le *Voltaire* du 4 mars 1899.

POUR LA COLONISATION !

(Lettre ouverte à M. Hugues Le Roux)

Monsieur,

Depuis de longues années déjà, vous menez une brillante campagne — d'aucuns ont même dit bruyante — en faveur de l'expansion coloniale française. Par la parole et par la plume, voulant secouer les énergies qui dorment, vous avez dit et redit aux jeunes gens qu'il y avait pléthore, en France, de tout et en tout ; que la lutte pour la vie y était accablante ; le succès, malgré les efforts les plus persévérants, les plus acharnés, toujours incertain. Et, faisant miroiter à leurs yeux le mirage éclatant des terres grasses et fécondes, des moissons dorées et des butins faciles des colonies, vous avez conclu : Partez !

Certes, à première vue, le conseil est tentant. L'effrayant contraste que vous avez si bien su faire apparaître entre la vie d'ici et celle de *là-bas* est bien fait pour déterminer les esprits aventureux qui hésitaient encore, pour arracher même à leur sédentaire labeur, nombre de jeunes hommes paisibles dont l'horizon se bornait jusqu'alors aux fenêtres de leur bureau.

Mais je crains fort qu'ils n'aillent au devant de déceptions, de désillusions navrantes, que leur chute ne soit d'autant plus brutale que le rêve que vous leur aviez fait entrevoir était plus haut

C'est cette crainte qui m'a suggéré les réflexions suivantes que je me permets de vous soumettre.

V

— Partir! C'est fort joli. Mais l'on pourrait objecter déjà que, si l'Angleterre compte 124 habitants par kilomètre carré, et le Palatinat 187, nous, Français, comptons 71 à peine, et que notre première préoccupation devrait être de peupler la France.

Pourtant, soit. Partons! — Où? — Aux colonies, dites-vous. — Lesquelles?

En Indo-Chine, aux Indes, où la mortalité est pour l'Européen comme 100 est à 45? — Au Sénégal, au Soudan, où le rapport des naissances et des décès est de 891 décès pour 100 naissances? — Au golfe du Bénin, à la Côte-d'Or, aux Rivières du Sud, où la mortalité atteint 18,5 0/0? — A la Guyane, où la mortalité varie pour les adultes entre 16,62 et 44,1 0/0, et atteint pour les enfants 62,79 0/0?

Où? En Nouvelle-Calédonie? Mais la Nouvelle-Calédonie est grande à peine comme deux départements français!

— En Algérie? Mais en Algérie comme en France, il y a des ouvriers sans travail et des employés sans emploi.

Alors....

— Pourtant, admettons. — Mais qui enverrez-vous aux colonies?

— Des ouvriers agricoles? — La main d'œuvre indigène est trop bon marché. En Algérie même, où semblerait être pour tant leur plus grand débouché, je connais quelqu'un à qui de précieuses parentés ont valu à bon compte d'immenses concessions; dans son personnel figure *un seul* Français, directeur de culture; et c'est tout.

— Des ouvriers de corps d'état? Lesquels? — Ni maçons, ni charpentiers, ni couvreurs, ni zingueurs, n'est-ce pas? pas plus que des tailleurs, des chemisiers ou des orfèvres... Qu'y feraient-ils? — Quelques tâcherons, soit, pouvant faire ensuite des sous-entreprises — comme le cas se présentera en Indo-Chine pour la construction du chemin de fer. Ceux-là pourront peut-être faire fortune; combien?

— Des ouvriers d'industrie? — Mais il n'y a pas d'industrie aux colonies; dans aucune. Et, quand bien même, l'ouvrier européen ne pourra jamais lutter contre la main-d'œuvre indigène; quelques contre-maîtres partiront; un très petit nombre d'ingénieurs. Et puis?

Car je ne suppose pas que vous pensiez aux fonctionnaires; le fonctionnaire est l'antithèse du colon; et, en outre, on ne part pas aux colonies pour être fonctionnaire; les fonctionnaires sont nommés de France aux colonies.

VI

J'en arrive aux mercanti. Parfait. — Elèves des écoles de commerce? Soit. Examinons la question de près.

Il se trouve parmi eux des pauvres et des riches, des esprits intelligents et des fruits secs.

Les pauvres partiraient peut-être; mais, sans capitaux, il n'y a rien à faire aux colonies; quant aux riches, soyez-en bien sûr, ils resteront en France. De même pour les fruits secs et les intelligents; ces derniers sauront se frayer un chemin, même en France; quant aux autres, partout ils végéteront.

Je vais plus loin.

J'ai, je suppose, vingt-trois ans; je suis diplômé d'une Ecole de commerce et libéré du service militaire. J'ai lu vos articles sur l'expansion coloniale, et je désire partir.

Mais là encore la question se pose : Partir où? Quoi faire? Qui me prendra? Qui m'utilisera? Quelles garanties m'offrez-vous? Quel salaire me donnerez-vous? Quel est donc le pays qui demande mes services?

Aux bureaux de l'Union des associations des anciens élèves des écoles supérieures de commerce, il est tenu un registre d'offres et demandes d'emplois Voulez-vous aller voir s'il y a une seule offre d'emploi pour les colonies, une seule?

Je ne puis pourtant pas partir tout de go et voir m'arriver l'aventure de deux de mes amis qui, étant partis l'an dernier, sur vos conseils, pour l'Indo-Chine, en ont été réduits, l'un à se faire interprète, l'autre garçon d'hôtel, en attendant leur rapatriement.

Qui donc enverrez-vous aux colonies, qui? — Mais encore et surtout, quelle est donc la colonie qui demande des jeunes gens? Y a-t-il une colonie qui demande des jeunes gens?

J'ai beau chercher...

— Et puis, quelle est donc en réalité cette vie des colonies à qui, seule, la magie de votre style donne tant d'attrait et de umière! Sans tenir compte des questions de confortable, de sécurité, de salubrité, de température, sans tenir compte des dangers de toutes sortes, des fièvres et des fauves, et des indigènes malfaisants, quelle est donc cette vie, épouvantablement lourde, où tout est voué au hasard, où tout ce que l'on échafaude est bâti sur du sable, cette vie des colonies, lointaine et solitaire, vide de relations, de sympathies, d'affections, de tout ce qui fait le charme et la douceur de notre beau pays de France !

Veuillez agréer...

Henry Mortimer.

M. Hugues Le Roux — à la courtoisie de qui je
tiens à rendre hommage — a eu l'amabilité de répondre
à ma chronique par la lettre suivante :

Saint-Germain-en-Laye, 9 mars 1899.

Mon cher Confrère,

Je lis seulement aujourd'hui votre chronique. Merci. J'en
retiens qu'elle pose ce problème : Quelle catégorie de Français
doit s'expatrier.

Je compte bien y répondre quelque jour prochain avec
toute la clarté et la probité dont je suis capable. Cela dépasse
le cadre d'une lettre. Il est bien entendu dans tous les cas que je
ne parlerai jamais que de ce que j'ai *vécu* moi-même, c'est-à-dire
que je continuerai de me limiter à l'Algérie. J'ai refusé il n'y a
pas huit jours à un ami ancien, M. René Millet, de parler de la
Tunisie, parce que je l'ai seulement visitée sans y travailler
moi-même. Vous avez mille fois raison quand vous dites que si
tout le monde imitait cette réserve, l'émigration aurait tourné
moins de têtes. Ce n'est pas un rebut, ce n'est même pas le
déchet de la faiblesse irritable qu'il nous faut transporter d'un
pays dans l'autre ; c'est une élite d'initiatives énergiques.

Très cordialement à vous, mon cher confrère.

HUGUES LE ROUX.

Je ne veux retenir de cette lettre, pour le moment,
que la déclaration suivante : « Ce n'est pas un rebut, ce
n'est même pas le déchet de la faiblesse irritable qu'il
nous faut transporter d'un pays dans l'autre ; c'est une
élite d'initiatives énergiques. »

Je crains, hélas! que nous ne nous entendions
jamais.

M. Hugues Le Roux, en effet, n'envisage exclusivement que l'intérêt de la colonie ; et, certes, il est
indiscutable qu'une colonie quelconque, qu'un pays
quelconque a tout à gagner à voir s'y transporter des
« initiatives énergiques ».

Mais la Métropole a tout à y perdre ; et c'est à ce
point de vue que je me place. Il n'y a pas pléthore, en
France, d'intelligences et d'énergies, au point qu'on
puisse les pousser à l'expatriement. Et puis, que coûte
au pays, en valeur d'hommes, l'émigration ?

M. Prosper Guyot estime la valeur de l'homme adulte à 8.000 francs ; *The Economist* à 4.375 francs ; le Dr Engel à 2.716 francs ; M. Yves Guyot à 3.000 francs. — Prenons pour base ce dernier chiffre ; la valeur humaine exportée par l'Europe depuis cinquante ans se chiffre par plus de 120 milliards.

Conclusion : nécessité de posséder des colonies, afin que cette valeur reste dans la nation — n'est-ce pas ? — Mais quelles colonies ? Celles où i'émigrant meurt sans se reproduire ?

Et, à part l'Algérie et la Nouvelle-Calédonie, toutes nos colonies, entre autres inconvénients, possèdent celui-là.

* * *

Je n'ai pas l'intention de rééditer dans cette brochure les nombreux commentaires auxquels a donné lieu ma « Lettre ouverte à M. Hugues Le Roux ». Qu'il me soit permis, cependant, de parler ici d'un article de M. Gaston Leriche, auquel j'ai été tout particulièrement sensible, car il provient du journal *le Mékong* qui se publie à Saïgon :

Si depuis quelque temps, dit l'auteur, un mouvement prononcé s'est produit en France en faveur de la colonisation, si un groupe important de persoynes, parmi lesquelles MM. Jules Lemaitre, Hugues Le Roux, Bonvalot, etc., conseillent aux jeunes gens de partir aux colonies, il en est, par contre, qui font campagne contre ce mouvement, et dont les arguments, il faut le reconnaître, ne sont pas dépourvus de valeur.

Parmi ces derniers, M. Henry Mortimer, publiciste, s'est signalé par une lettre qu'il a adressée à M. Hugues Le Roux et qui a été reproduite par plusieurs de nos confrères. A l'appui de sa thèse, M. Mortimer commence par démontrer que la population de la France est insuffisante et que cette seule considération suffirait à déconseiller à la jeunesse française d'émigrer aux colonies; mais, laissant ce point de côté, il en vient à examiner l'hypothèse de leur départ.

Après plusieurs citations, M. Leriche conclut ainsi :

Si nous voulions « chercher la petite bête », nous pourrions établir que M. Mortimer a quelque peu exagéré, qu'il a poussé son tableau au noir; mais, dans l'ensemble, il nous faut reconnaître qu'il n'a pas tout à fait tort, et que, dans la plupart de nos colonies, il n'y a place que pour un nombre très restreint de Français.

Nous en avons aujourd'hui la preuve par le nombre de plus en plus élevé d'indigents rapatriés par chaque courrier et par celui des personnes sans emploi qui se trouvent sur notre place. Il serait possible, en Cochinchine, d'utiliser quelques milliers de Français de plus qu'aujourd'hui, mais seulement quand la Métropole nous aura envoyé ce qui nous manque, c'est-à-dire des capitaux. Quand ceux-ci seront venus, qu'ils auront été employés dans des entreprises industrielles, agricoles ou commerciales, celles-ci pourront donner des emplois à un plus ou moins grand nombre de nos compatriotes; mais, envoyer des jeunes gens sans argent, sans connaissances spéciales, sans relations et sans emploi, c'est assurément une très grande faute, et nous ne saurions trop nous élever contre les écrits et les paroles de ceux qui engagent les jeunes gens à partir aux colonies sans leur dire lesquelles ni ce qu'ils y feront. Les partisans de l'émigration aux colonies font en général fausse route; ce n'est pas aux Français en général qu'il faut s'adresser, mais aux capitalistes français; c'est à ceux-ci, seulement, qu'il faut parler des colonies. Les autres viendront bien seuls.

H. M.

L'UTOPIE COLONIALE

L'examen des situations respectives de la France et de l'Angleterre (1) a le don d'agacer au suprême degré une certaine catégorie de nos compatriotes, qui s'écrient avec indignation : « Et l'expansion de la race française! »

En effet, le drapeau de la Grande-Bretagne flotte sur plus de 22 millions de kilomètres carrés; le nôtre sur 4 millions tout juste.

Le total des possessions directes et indirectes de la France peut se décomposer ainsi :

Asie	499.938	kilomètres carrés
Afrique	3.541.377	,
Amérique	108.001	,
Océanie	21.680	»
Soit :	4.171.036	kilomètres carrés

Et cet état d'infériorité manifeste provoque d'unanimes clameurs dans le certain clan précipité, qui réclame à grands cris « l'expansion de la race française. »

Il s'agirait pourtant de s'entendre sur cette fameuse expansion.

**

La première chose qui frappe, lorsque, sur une carte du monde, on examine ce qui nous reste de notre empire colonial, c'est que toutes nos possessions, sauf l'Algérie, la Nouvelle-Calédonie et une partie de Madagascar, sont situées entre les deux lignes isothermes + 25 centigrades, c'est-à-dire sous le climat torride.

(1) Voir à la fin de la brochure l'étude statistique.

Or, la question se pose ainsi : Quels sont les caractères du climat torride; comment les Européens se comportent-ils dans les pays soumis à ce climat; et, en particulier, quels résultats y avons-nous jusqu'à présent obtenus, et quels résultats sommes-nous en droit d'y espérer?

Le climat torride compte deux saisons bien tranchées : la saison des pluies et la saison sèche. Durant la première, les vapeurs accumulées par les alizés crèvent, et, pendant de longues semaines, l'eau tombe, sans presque discontinuer, donnant au pluviomètre jusqu'à 0 m. 27 en une heure, et, comme moyenne annuelle, de 2 à 4 mètres suivant les régions (moyenne à Paris, 521 millimètres).

Puis, sous l'influence d'un soleil ardent, l'air se sature de vapeur d'eau. Et c'est alors la fièvre sous ses formes les plus pernicieuses, la dysenterie, les coliques sèches, l'hématurie, l'anémie, l'amnésie, les maladies d'yeux et les maladies de peau, sans compter les bêtes féroces et les reptiles venimeux qui abondent.

— Passons à nos colonies.

Nous possédons les *Indes Françaises* d'une façon permanente depuis 84 ans . Quels y sont les résultats?— Sur 282.700 habitants, on compte 1.660 Européens. Déduisez les fonctionnaires et la troupe; que reste-t-il?

En *Indo-Chine*, sur une population totale de plus de 14 millions d'habitants, il y a 4.000 Européens, sur lesquels 2.000 Français. La mortalité pour les Européens y est plus que le double de la natalité, viz. 100 : 45.

A la *Réunion*, la population qui, en 1872, était de 193.000 habitants, tombait en 1882 à 170.518; elle est aujourd'hui de 163.800. Les naissances y sont aux décès comme 4 est à 6.

Pour *Nossi-Bé, Diégo-Suarez, Sainte-Marie de Madascar*, on compte un total de 21.000 habitants. — Combien d'Européens? Combien de Français? — La mortalité pour l'Européen y varie entre 7,3 et 8 0/0.

Au *Sénégal, Rivières du Sud et Soudan français* la population est estimée approximativement à 2 millions d'habitants. Les statistiques ne mentionnent pas le nombre des Français, mais indiquent, par contre, le rapport des naissances et des décès pour les Européens, qui est de 391 décès pour 100 naissances. La température moyenne dépasse 28°. Selon M. Bérenger-Féraud, l'acclimatement y est une chimère. Il est impossible d'y séjourner plus de trois ans consécutivement; seuls quelques Portugais y résident d'une façon permanente.

Nous occupons le Sénégal, sans interruption, depuis 82 ans. Quels résultats y avons nous obtenus au point de vue de l'expansion de la race française?

Pour la *Côte d'Or*, le *Golfe de Bénin*, etc., c'est encore pis! La mortalité attient 18,5 0/0.

A la *Martinique*, la population a passé en 15 ans (de 1882 à 1897) de 166.988 habitants à 175.863. — Par suite d'un excédent des naissances sur les décès? Oui, pour les nègres. — Quand à nous, nous ne nous y maintenons que pour l'immigration.

De même à la *Guadeloupe*. La population qui en 1873 était de 136.000, passait en 1882 à 159.715 et est aujourd'hui de 182.000. Mais l'excédent moyen des décès sur les naissances est pour les dernières années de 758, et les statistiques comprennent les nègres et les mulâtres qui forment les neuf-dixièmes de la population et supportent le climat bien mieux que nous!

Or nous possédons la *Martinique* et la *Guadeloupe* depuis plus de deux siècles!

A la *Guyane*, la température moyenne est de 26°5; l'hygromètre est presque toujours à saturation.

La mortalité varie pour les adultes entre 16.62 et 44,1 0/0, et atteint, pour les enfants 62,70 0/0.

Conclusion : Soumis au climat torride, l'Européen s'étiole et ne reproduit pas.

— Et l'Anglais aux Indes?

L'Anglais ne s'acclimate pas plus que nous. Il y a aux Indes, sur 1.790 habitants, 1 Européen.

****

Restent donc l'*Algérie*, la *Nouvelle Calédonie* et *Madagascar*.

Située dans l'Océan Indien, hémisphère sud, à près de 3000 lieues de France, *Madagascar*, pour une superficie d'environ 590.000 kilomètres carrés (France 529) compte, en chiffres ronds, 5.000.000 d'habitants, soit un peu plus de 8 habitants par kilomètre carré. La population spécifique de la France étant de 71 habitants par kilomètre carré, Madagascar se trouve ainsi 9 fois moins peuplée que la France.

Faute de renseignements sûrs et précis, je n'en dirai que quelques mots. Comme tous les pays de zone torride, Madagascar à des saisons bien tranchées, la saison sèche et la saison humide ; elle se distingue tout spécialement par les écarts de température considérables qui s'y remarquent, et par son aridité, pour ne pas dire sa stérilité. A Madasgacar, rien ne pousse bien, sauf sur quelques points de l'Emyrne et dans la région de Diégo Suarez ; les cours d'eaux, pour la plupart, ne sont pas navigables ; quant aux forêts, elles occupent de 10 à 13 millions d'hectares, soit un cœfficient de boisement de 19 à 20 0/0, ce qui est insuffisant; le boisement normal devrait atteindre 30 0/0, En plus, si j'en crois le *Guide de l'Immigrant à Madagascar* qui vient de paraitre sous la haute direction du général Galliéni, gouverneur de l'île, « *Madagascar est encore secouée par de fréquents tremblements de terre* ». (1)

Si vous m'en croyez nous attendrons pour y aller coloniser que la « Nouvelle-France » ait un sol plus stable.

En *Nouvelle-Calédonie*, le climat est salubre. J'admets volontiers que l'Européen y puisse vivre et procréer. Soit. Mais la Nouvelle-Calédonie, y compris ses dépendances, a une superficie de 17.360 kilomètres carrés, c'est-à-dire à peine deux fois la Corse (8.747), Or la Corse a 288.593 habitants et la Nouvelle-Calédonie déjà 61.000. On aura donc beau la saturer de colons, ce n'est pas encore là qu'on trouvera un bien grand débouché pour « l'expansion de la race française ».

(1) page 119.

Reste donc l'*Algérie*, ce « prolongement de la France ! » qui compte 4.124.732 habitants pour une superficie de 477.913 kilomètres carrés.

DÉPARTEMENT D'ALGER

Territoire civil	30.630 kilo. carrés	1.275.650 hab.
Ter. de commandement	140.171 »	192.477 »
	170.801 »	1.468.127 »

DÉPARTEMEMENT DE CONSTANTINE

Territoire civil	58.754 kilo. carrés	1.543.867 hab.
Ter. de commandement	132.773 »	170.672 »
	191.527 »	1.714.539 »

DÉPARTEMENT D'ORAN

Territoire civil	35.557 kilo. carrés	817.450 hab.
Ter. de commandement	80.028 »	124.616 »
	115.585 »	942.066 »

TOTAUX

Territoire civil	124.911 kilo. carrés	3.636.967 hab.
Ter. de commandement	352.972 »	487.765 »
	477.913 kilo. carrés	4.124.732 hab.

Soit 9 habitants par kilomètre carré, (non compris e Sahara Algérien, ce qui réduirait la densité à 6, soit le quart de Mayotte, le tiers de Nossi-Bé, Diégo-Suarez et Sainte-Marie de Madagascar !)

Et nous occupons l'Algérie depuis 80 ans !

***

En 1822, le gouvernement, toujours prévoyant, prenait des mesures afin d'éviter un envahissement spontané et dangereux de notre nouvelle conquête. — Il est vrai que depuis, il fait tout le contraire.

Des villages agricoles furent fondés : ils finirent lamentablement.

En 1857, on accorda 80.000 passages gratuits : il y eut 70.000 retours.

En 1871, l'Assemblée Nationale attribua 100.000 hectares aux Alsaciens-Lorrains — Sur près de 160.000 optants, 3.231 s'embarquèrent, formant 900 familles, qui nous coûtèrent 6 millions de francs, soit 6.888 francs par famille !

Les partisans de « l'expansion » crient sur tous les tons ; il y a en Algérie plus de 250.000 français.

D'accord. Mais ces 250.000 français représentent combien de colons ?

La troupe en Algérie compte 50.000 hommes. Il y a d'autre part 60.000 (exactement 58.835) fonctionnaires, pensionnés et retraités, employés de chemin de fer, agents de tous ordres, médecins de colonisation, etc., tous parasites — soit directement, soit indirectement — du budget de l'Etat.

Les 50.000 hommes de troupe ont amené en Algérie 29.509 hôteliers, cabaretiers ou aubergistes. Que l'armée vienne à partir, ce chiffre tomberait certainement à moins de moitié.

Sur le reste, un peu plus de 29.000 sont des concessionnaires ayant coûté à l'Etat environ 2.000 fr. par tête.

En somme, il y a en Algérie, 100.000 français, à peine, qui soient véritablement des colons, des colons venus de leur propre initiative, à leurs frais, et vivant de leurs propres ressources ; ces 100.000 colons, représentent 25.000 français *producteurs*.

Si la natalité en Algérie est plus forte qu'en France (33.3 au lieu de 23), cette différence est compensée par la mortalité (Algérie 29 ; France 22). — La conquête et l'occupation nous ont valu 100.000 morts.

Enfin, pour employer la navrante mais juste image de M. Yves Guyot : « Si on voulait représenter dans une allégorie, le prix de revient *en hommes* des 25.000 colons installés en Algérie et y vivant avec leurs propres ressources, chacun d'eux serait assis sur quatre cadavres et gardé par deux soldats ».

L'Algérie nous a coûté plus de dix milliards.

Résultat : la population européenne étrangère y égale la population française !

* * *

Au point de vue de « l'expansion de la race française », les résultats sont donc nuls, absolument. Par suite de la politique coloniale suivie jusqu'à présent, nous avons englouti au delà des mers, en pure perte, un chiffre fort respectable de milliards et un nombre considérable de vies humaines.

Je le répète : sauf l'Algérie, la Nouvelle-Calédonie et une certaine partie de Madagascar, toutes nos colonies sont situées sous le climat torride. Elles ne pourront devenir jamais des colonies de peuplement.

On oublie trop souvent que l'homme n'est susceptible que du petit acclimatement, et qu'il y a deux sortes d'émigrations : l'émigration du Nord au Sud et l'émigration *parallèle*. C'est cette dernière qu'ont suivie les Anglais, dont l'accroissement s'est fait aux Etats-Unis, au Canada, en Australie, dans les mêmes conditions climatériques — ou à bien peu de chose près — que dans la métropole. Là est la raison de leur succès et la raison de notre échec ; l'expansion française ne pouvait se réaliser que par la colonisation en longitude ; nous avons choisi, naturellement, la colonisation en latitude Il est maintenant trop tard pour changer.

En outre, pourquoi vouloir, à toutes forces, « l'expansion de la race française »? — Y aurait-il pléthore d'habitants en France? Mais on crie tous les jours « à la dépopulation » !

Que l'Angleterre produise des émigrants, soit : elle compte 124 habitants par kilomètre carré. Que les indigènes du Palatinat émigrent, soit : ils sont 197 par kilomètre carré ; mais nous qui sommes 71, peuplons d'abord la France !

Au surplus, veut-on savoir, d'après les statistiques officielles, combien il a été accordé de passages sur bâtiments à destination de nos colonies pendant les six premiers mois de 1899?

A exactement *cent vingt-sept* familles françaises.

43 de ces familles sont parties pour l'Indo-Chine, 59 pour la Nouvelle-Calédonie, 17 pour Madagascar et

8 pour les autres colonies. Elles comptaient 115 hommes, 54 femmes et 81 enfants.

Le groupe expatrié en Indo-Chine disposait de 183.700 francs, et celui de Madagascar de 32.550 francs.

Le plus libéralement pourvu d'argent était le contingent embarqué pour la Nouvelle-Calédonie.

Au total, les capitaux français qui ont pris le chemin de nos colonies pendant les six premiers mois de 1899, s'élèvent à 478.250 francs !

— Un des gros arguments des partisans de la Politique coloniale est qu'il faut réagir contre la décadence qui nous menace, réveiller les énergies, secouer la torpeur que nous occasionne l'excès de bien-être dont nous jouissons ici.

Excès de bien-être ! — Tournez-vous n'importe où, vers n'importe qui, vous n'entendez que plaintes et lamentations sur la cherté de la vie et les difficultés de l'existence. — Puis, si vraiment la vie est plus facile là-bas..., mais, nous allons nous y amollir encore davantage !

Messieurs les colonisateurs en chambre, partez donc les premiers !

**
**

Mais, me dit-on : « Et les débouchés ! Ne savez-vous donc pas qu'il faut à une nation des colonies pour servir de débouchés à ses produits ! »

Ma foi, parlons-en un peu. Des débouchés ? Lesquels ?

Le commerce total de la France se chiffre par 7.199,5 millions de Francs, dont 3.798,6 pour les importations, et 3.400,9 pour les exportations. (1)

Ces 3.400,9 millions d'exportations se répartissent comme suit pour les principaux pays :

Angleterre   1.030,6   millions de francs
Belgique   501,4   »   »

______

(1) 1897.

Allemagne	339,7	»	»
Etats-Unis	224,7	»	»
Suisse	179,9	»	»
Italie	115,2	»	»
Espagne	100,3	»	»
Brésil	68,6	»	»
République Argentine	56,3	»	»

et, pour nos colonies :

Algérie	217.801.956	francs
Tunisie	22.641.916	»
Guadeloupe	11.670.413	»
Guyane française	9.285.259	»
La Réunion	10.496.995	»
Indo-Chine	23.344.936	»
Madagascar	4.933.849	»
Mayotte	183.897	»
Nossi-Bé	183.713	»
Ste-Marie de Madagascar	94.412	»
Indes Françaises	661.114	»
Martinique	12.389.306	»
St-Pierre et Miquelon	5.041.948	»
Sénégal	14.316.577	»
Congo, Soudan, Guinée française Côte d'Ivoire & Golfe de Bénin	6.682.246	»
Côte Occidentale d'Afrique	279.659	»
Autres pays d'Afrique	2.220.366	»
Nouvelle Calédonie	5.285.654	»
Autres établissements d'Océanie	536.916	»

Total : 348.051.132 francs

soit le *neuvième* du chiffre total de nos exportations.

Nous vendons à l'Angleterre, pour trois fois plus, et à la petite Belgique pour près de deux fois plus qu'à toutes nos colonies réunies.

Et puis, quels bénéfices nets retirons-nous réellement de notre commerce avec nos colonies ? Que nous ont-elles coûté ? Que nous coûtent-elles encore ?

Laissons de côté les guerres désastreuses qu'elles nous ont valu.

L'Algérie, soi-disant, se suffit à elle-même...

Et la troupe qui nous coûte 50 millions par an ! Et tous les fonctionnaires, agents, parasites directs ou indirects du budget de la métropole ! et les subventions de toutes sortes ! et les garanties d'intérêts !

Nous exportons actuellement, en Algérie, à peu de chose près, la contrevaleur de ce qu'elle importe chez nous.

Pour le Sénégal, c'est encore pis. Nos exportations et nos importations se balancent exactement. Et nos exportations vont presque exclusivement aux fonctionnaires et à la troupe, payés par nous.

En plus, le Sénégal est inscrit au budget pour près de 4 millions. — Nous lui avons fait pour près de 8 millions d'avances diverses. Résultat ?

Le Tonkin nous a coûté plus de 300 millions. — Qu'y vendons-nous ? et quel est l'acheteur ? Nos soldats, comme au Sénégal.

La Cochinchine, elle, est extraordinaire ; après nous avoir coûté 284 millions, elle nous verse annuellement près de 2 millions.

Mais elle figure au budget pour une somme de 5 millions.

L'Algérie mise à-part, le budget ordinaire de nos colonies se monte, garnisons comprises, à plus de 80 millions. Le chiffre de nos exportations est dépassé par celui de nos importations.

— Mais alors, me souffle quelqu'un, c'est comme pour la Chine, que nous nous sommes donnés tant de mal à ouvrir et qui nous achète pour 5 millions à peine, tandis qu'elle nous vend pour 80 millions *C'est nous qui sommes le débouché !*

— Non ; nos colonies sont bien un débouché, — « mais pas pour notre industrie et notre commerce, pour l'argent des contribuables » (1).

Et c'est fatal. — Avant de dire : Nous allons exporter quelque chose, il faut tout au moins avoir quelque

____

(1) Yves Guyot. — Lettres sur la Politique Coloniale, p. 99.

chose à exporter ; il faudrait aussi se demander un peu quel est le pouvoir d'achat des indigènes *sur* lesquels nous voulons nous livrer au trafic.

C'est la seule chose à laquelle nous n'ayons pas pensé.

A qui vendre ? quoi ? — Des armes, de la poudre ? Ce serait possible. — Malheureusement, c'est défendu. Je ne suppose pas que nous ayons l'intention de fournir des draps d'Elbeuf, des soieries de Lyon, des porcelaines d'art, etc., à des gens qui vont tout nus.

Il est un axiôme incontesté : La fortune d'un commerçant, c'est la richesse de sa clientèle. Or, quand bien même les sujets d'un Glé-Glé quelconque voudraient nous acheter quelque chose, avec quoi nous paieraient-ils? En monnaie de singe?...

Pour avoir la clientèle de quelqu'un, il est indispensable de lui vendre de meilleures marchandises, mais surtout, meilleur marché que d'autres. Or, nous ne pouvons y parvenir.

Quel débouché anprès des Indigènes avons-nous retiré de la Conquête de l'Algérie?

Là, comme partout, nous avons fait le jeu de nos concurrents étrangers. Et l'étranger n'a pas eu de frais de conquête, de frais de colonisation, de frais de garde de l'Algérie ; son bénéfice est clair ; le nôtre pas.

— Nous avons cependant ouvert des débouchés ! .

— Parfaitement. Demandez à l'Angleterre, à l'Allemagne. Demandez à la Suisse !

Ma conclusion sera la même que celle de M. Leroy-Beaulieu, un protagoniste, pourtant, de la Politique coloniale : c'est une grande illusion que de fonder des colonies dans l'espérance d'en tirer un revenu (1).

*
* *

Veut-on des détails?
Sur 65.183.586 kilogrammes de *café* importés l'an

(1) De la colonisation chez les peuples modernes, p. 569.

dernier en France et représentant une valeur de 175.177.755 francs, nos colonies nous ont envoyé 765.525 kilogrammes représentant 1.783.673 francs.

Sur 5.261.628 kilogrammes de *caoutchouc* et *gutta-percha* représentant 27.781.398 francs, la part de nos colonies se monte à 2.699.644 francs pour 492.359 kilogrammes.

L'étranger nous a envoyé 3.048.148 kilogrammes de *conserves de viandes en boîtes* pour 4.657.777 francs. — Sur ce chiffre il revient à nos colonies 491.151 kilogrammes valant 589.381 francs.

Nous avons reçu 162.177.231 kilogrammes de *coton* représentant une valeur de 166.866.898 francs. Part de nos colonies : 8.338 kilogrammes, soit 8.255 francs.

En ce qui concerne la *laine* dont l'étranger nous a envoyé 251.559.892 kilogrammes pour 394.906.843 francs, les expéditions de nos colonies ont atteint 4.466.252 kilogrammes représentant 6.476.066 francs.

Nous avons reçu de nos colonies 2.725.819 kilogrammes, valant 730.153 francs de *bois d'ébénisterie*, et de l'étranger : 19.666.571 kilogrammes, pour 5 millions 167.994 francs.

Pour les *bois de teinture*, la part de l'étranger s'élève à 119.415.133 kilogrammes, valant 17 millions 912.200 francs, et celle de nos colonies à 10.845.667 kilogrammes, valant 1.628.850 francs.

L'étranger nous a envoyé 164.985.171 kilogrammes, valant 48.503.467 francs, de *graines de sésame et amandes de noix de coco*; nos colonies : 2.550.082 kilogrammes, pour 799.962 francs.

Enfin, tandis que l'étranger importait chez nous 15.191.448 kilogrammes de *cacao*, valant 21.268.280 fr., nos colonies ne nous en envoyaient que pour 880.377 fr., représentant 628.841 kilogrammes.

J'en passe...

*
*

Malgré nos immenses sacrifices, et d'hommes et d'argent, voici donc un point bien établi : Nous ne reti-

rons rien de nos colonies. Et aux raisons que j'ai don-
nées plus haut, il faut ajouter encore et surtout celle-ci :
c'est que nous ne faisons, en France, que du colonianisme d'Etat.

« Que dirait-on d'un industriel ou d'un négociant
qui dépenserait chaque année 100,000 francs en frais de
commis-voyageurs, de circulaires et de réclames pour
placer 100,000 francs de marchandises ? On dirait qu'il
n'a pas la tête bien saine, et on conseillerait à sa famille
de le faire interdire ou tout au moins de l'obliger à re-
noncer au commerce. — C'est pourtant à une opération
de ce genre que se livre notre Etat Colonisateur. »

Ainsi s'exprime M. G. de Molinari dans l'un de ses
derniers ouvrages : « Esquisse de l'organisation politique et économique de la société future » (1). Et il cite
à l'appui de ses dires des chiffres concluants.

En 1820, notre budget colonial était de 5 millions ;
de 7 en 1830 ; de 20 en 1850 ; de 21 en 1860 ; de 26 en 1870 ;
de 32 en 1880 ; en 1890, il dépasse le chiffre de 59 millions ; en 1892, il atteint 86 ; en 1896, les crédits supplémentaires votés à fin d'année le portent à près de *cent
millions* (2).

Or, c'est précisément à ce chiffre de cent millions
que s'élèvent les exportations *effectives* de la France
dans ses colonies. Et M. de Molinari fait remarquer avec
juste raison qu'il faudrait ajouter aux frais de gouvernement les frais de conquête et de premier établissement
dont nous avons parlé plus haut.

D'après M. Paul-Louis, la Cochinchine, pendant la
seule période de conquête, a absorbé 284 millions ; le
Tonkin 269 ; le Soudan 200 ; Madagascar près de 150 ; le
Dahomey 75. En résumé, la troisième République a con-
sacré à la colonisation militaire environ un milliard et
demi ! Déjà l'Algérie nous avait coûté plus de 4 milliards, et nous demande par an de 20 à 30 millions pour
équilibrer son budget

(1) Page 230.
(2) Voir l'Appendice.

Nous exportons dans nos colonies peu de produits et encore moins de colons; mais par contre, nous y exportons des armées de fonctionnaires; et c'est là une compensation bizarre, qui serait grotesque si elle n'était pas navrante.

Le rapporteur du budget des colonies au Sénat a relevé dans l'*Annam-Tonkin* **1.306** fonctionnaires, contre **447** colons; en *Cochinchine*, **1.966** fonctionnaires, contre **262** colons; au *Sénégal*, **521** fonctionnaires, contre **367** colons; sur la *Côte d'Ivoire*, **111** fonctionnaires, contre **52** colons; au *Congo*, **254** fonctionnaires, contre **20** colons.

Conclusion : Le colonianisme est une branche du protectionnisme appliquée à l'industrie des fonctionnaires aux dépens de toutes les autres.

Les conquêtes coloniales ont ruiné l'Espagne; elles nous ruineront également pour peu que nous continuions à marcher dans la même voie, à poursuivre les mêmes errements, à commettre les mêmes fautes.

— Mais l'Angleterre.....

*
* *

Il en est pour l'Angleterre comme pour nous.

Exception faite, *a priori*, du Canada et de l'Australie, qui ne sont pas, à proprement parler, des *colonies*, voyons un peu ce qui se passe aux Indes, dans ces fameuses Indes que l'on cite à tout bout de champ comme un exemple frappant du triomphe des idées coloniales.

Là, un empire de 30 millions d'habitants gouverne un peuple de plus de 200 millions d'individus. — Un peuple ? — Non : *des peuples*, — ce qui n'est pas du tout la même chose, — toute une agglomération de peuplades aux coutumes, aux mœurs, aux langages, même, dissemblables, en guerres perpétuelles les unes contre les autres, et sur lesquelles l'Angleterre n'a pu asseoir sa domination qu'en activant, qu'en fomentant les rivalités et les discordes, suivant le grand principe : diviser pour régner.

Pour régner ? — Est-il besoin de rappeler les révoltes sanglantes dont la plus féroce date de 1857, et la plus récente, d'hier, et dont le sol des Indes est rouge encore?

Et puis, à quoi les Indes ont-elles, en réalité, servi à l'Angleterre?

Sont-elles devenues une colonie d'émigration? — Pas du tout : une colonie *d'administration*, un débouché pour les seuls fonctionnaires, tout simplement ; et c'est là, nous l'avons vu, une des grandes raisons d'être des colonies.

Que l'Angleterre fasse avec les Indes un commerce très actif, nul doute ; mais, qu'en retire-t-elle, net?

Si vous voulez bien lui appliquer, strictement, les mesures éliminatoires dont je me suis servi pour les colonies françaises, et qui, seules, font ressortir le résultat réel, vous verrez que l'Inde, elle aussi, est une affaire qui ne fait pas ses frais.

Et c'est là un fait que les Anglais reconnaissent tellement bien, que ce qu'ils préparent en ce moment, dans l'Hindoustan, c'est leur départ.

— Déjà, aux Indes, — y arriverons-nous jamais! — tous les européens, Anglais compris, sont jugés dans les mêmes formes et par les mêmes juges que les indigènes. Les indigènes ont les mêmes droits et les mêmes prérogatives que les Européens; les pouvoirs publics leur sont accessibles ; les pouvoirs locaux aussi ; ils ont accès aux pouvoirs judiciaires — c'est l'acheminement ferme et voulu vers l'autonomie, vers le *Home Rule*, comme pour l'Australie et le Canada; et, c'est à ce moment là seulement, — comme pour l'Australie et le Canada, — que les Indes deviendront pour l'Angleterre une source réelle de revenus.

— Vous n'allez pas nous dire que ce n'est pas à ses colonies que l'Angleterre est principalement redevable de sa prospérité et de sa puissance?

— Mais si. Et si ce n'est pas là l'avis de M. Chamberlain, c'est du moins celui de Lord Farre (1) qui,

(1) Décédé en Octobre 1899.

dans un article de la *Contemporary Review*, a réduit à ses justes et modestes proportions le débouché que les colonies procurent à l'industrie britannique.

Sur un chiffre total de 16 milliards en 1895, le commerce de l'Angleterre avec ses colonies n'entrait que pour 25,8 0/0, c'est-à-dire 4.150.000.000 de francs. Et il faut remarquer que la plus grande partie du commerce de l'Angleterre se fait avec des colonies ou possessions telles que l'Australie, la Nouvelle Zélande, le Cap, l'Inde, etc., *qui n'accordent aucun droit de faveur aux produits de la métropole*; en sorte qu'en admettant que l'Angleterre vînt à perdre son empire colonial, son commerce avec les vastes régions qui y sont comprises ne subirait, selon toute probabilité, aucune diminution.

Bien plus, cette perte ne pourrait que lui être avantageuse, en provoquant une réduction sensible des énormes budgets de la guerre et de la marine, que nécessite la défense de son empire colonial.

Une dernière remarque.

Le drapeau de la Grande-Bretagne flotte sur plus de 22 millions de kilomètres carrés; le nôtre sur 4 millions tout juste.

Le budget colonial de la France approche le chiffre considérable de cent millions; le budget colonial de l'Angleterre n'atteint pas 62 millions et demi !

***

Deux arguments encore militent en faveur de l'expansion coloniale : la *mission civilisatrice* et la *prépondérance à l'extérieur*.

La mission civilisatrice ?...

Je ne serai pas paradoxal au point de mettre en question d'une façon formelle les « bienfaits » de la civilisation, quoique..... Mais je me permettrai de trouver légèrement grotesque cette façon de civiliser, qui consiste à casser les têtes au lieu de les modifier.

Voilà des gens qui vivent chez eux, bien tranquilles. Qu'ils aient des mœurs barbares, sanguinaires, qu'il soit désirable que les boucheries humaines, les scènes de monstrueuse sauvagerie qui se passent « là-bas », n'aient plus lieu, d'accord. Mais, que faisons-nous, *nous?* — Un beau jour, nous pénétrons dans ces territoires, qui ne sont pas nôtres, et, au nom de l'Humanité, nous massacrons les indigènes, et les chassons de chez eux! C'est ça qui doit leur donner une fière idée de la civilisation! Au nom de l'Humanité, on les massacre; au nom de l'Humanité, on les spolie, on les dépouille!

Bah! la loi du plus fort est toujours la meilleure, et, sous ce prétexte de mission civilisatrice, ayons la franchise de reconnaître qu'il ne s'agit que de l'égoïste politique de l'« *ôte-toi de là que je m'y mette.* »

Quant à la *prépondérance à l'extérieur*, elle est trop souvent basée sur un oubli absolu de la sécurité à l'intérieur.

N'avons-nous pas failli avoir la guerre avec l'Angleterre, en 1847, à propos d'un îlot perdu en pleine Océanie? — et, en 1852, avec l'Angleterre encore, au sujet des Nouvelles-Hébrides? — Un conflit n'a-t-il pas été imminent, en 1885, entre l'Allemagne et nous, parce qu'à bord de l'*Ariadne* des matelots allemands avaient fait une incursion sur des territoires de la côte d'Afrique, sans population et sans culture, que nous considérions comme nôtres? Faut-il rappeler le souvenir douloureux des marais de Fashoda?

Une question de bornes au milieu d'un désert, et des peuples d'Europe peuvent en venir aux mains.

Je ne sache pas que ça en vaille la peine.

*
* *

Je conclus.

Tandis qu'en Angleterre la colonisation s'est développée par l'initiative privée, avec l'appui temporaire et exceptionnel du Gouvernement, chez nous, la colonisation a été l'œuvre de l'Etat, avec ou sans le concours de nos nationaux. Et, le jour où les troupes que nous entretenons à si grands frais dans nos colonies, recevraient l'ordre de les quitter, nos colons partiraient aussi.

Les seuls vrais colons que nous ayons, ce sont les quelques 100.000 Français qui résident dans la République Argentine. Leur établissement ne nous a rien coûté; ils répandent au loin l'influence française ; il semble qu'on leur devrait quelque encouragement,... Mais la loi militaire est là, qui veille.

Je ne nie pas qu' « aller aux colonies » ne puisse être profitable pour des *individus* (j'ai du reste l'intention de revenir ultérieurement sur ce point); je constate simplement le néant absolu des résultats de la colonisation officielle, telle qu'elle a été jusqu'à présent conçue.

— Situées dans les conditions climatériques les plus désavantageuses, en butte aux chinoiseries d'une administration tracassière, peu ou prou peuplées, et pour la plupart inpeuplables, nos colonies sont pour nous une charge très lourde, et ne pourront jamais être autre chose qu'une charge.

— Ce qu'il faut ?

Je me résume :

Faire tout le contraire de ce qu'on a fait, ou bien, s'en aller.

Henry MORTIMER.

Paris, 1898.

APPENDICE

Le Budget des Colonies
POUR 1900

Le budget de colonies s'élève en 1899 à	90.794.762
Pour 1900 le projet de budget (1) s'élève à	89.768.262
Différence en moins	1.026.500

Cette différence provient dés augmentations et diminutions ci-après :

Augmentations — Dépenses administratives	98.000
Dépenses à l'occasion de l'Exposition	61.300
Total	159.300
Diminutions. — Dépenses non renouvelables en 1900	266.000
Economies et réductions de crédits	919.800
Total	1.185.800
Montant des augmentations à reporter	159.300
Reste net pour la différence	1.026.500

Les dépenses du minière des colonies en 1900, sont comme on vient de le voir de 89.768.263

Elles sont réparties en 50 chapitres, qui se décomposent en 5 parties, savoir :

1· Depenses communes	2.339.100
2· Dépenses civiles	13.311.050
3· Dépenses militaires	65.015.012

(1) Auquel il y aura lieu d'ajouter les inévitables crédits supplémentaires.

4· Services pénitentiaires   9.103.100
5· Dépenses des exercices clos et péri-
més   mémoire
                    Total égal   89.768.262

Dépenses civiles. -- Les dépenses principales clas-
sées dans cette catégorie sont :

Chap. 16 *bis*. — Participation à l'Expo-
sition de 1900   920.000

Chap 16 ter. — Indemnités aux agents
de l'Etat à l'occasion de l'Exposition   16.800

Chap. 16 quater. — Frais de représen-
tation du ministre à l'occasion de l'Exposi-
tion   50.000

Chap. 22. — Subvention au budget lo-
cal du Congo français   2.228.000

Chap. 23. — Subvention au budget lo-
cal de Madagascar   1.800.000

Chap. 24. — Subvention au budget lo-
cal de certaines colonies   478.000

Chap. 25. — Subvention au budget an-
nexe du chemin de fer et du port de la
Réunion   2.508.500

Chap. 26. — Subvention au budget an-
nexe du chemin de fer du Soudan   668.000

Chap. 27. — Chemin de fer de Dakar à
Saint-Louis   1.000.000

Dépenses militaires. — Le total des dépenses militaires qui est de 65 millions en chiffres ronds, et qui
représente 73 0/0 du budget total des colonies qui se dé-
compose de la manière suivante :

Chap. 29. — Troupes aux colonies   4.676.700
Chap. 30. — Gendarmerie coloniale   1.599.300
Chap. 31. — Commissariat colonial   1.602.100
Chap. 32. — Inscription maritime   60.000
Chap. 33. — Comptables coloniaux   720.040
Chap. 34 — Service de santé (person-
nel)   2.339.300
Chap. 35. — Service de santé (Matériel)   1.083.300
Chap. 36. — Vivres et fourrages   2.674.572

Chap. 37. — Frais de voyage	1.255.700
Chap. 38. — Matériel de casernement, de campement et de couchage	240.500
Chap. 39. — Matériel des services militaires	1.180.000
Chap. 40. — Défense des colonies	1.200.000
Chap. 41. — Dépenses militaires du Soudan	5.849.507
Chap. 42. — Dépenses militaires de l'Indo-Chine	18.158.511
Chap. 43. — Dépenses militaires de Madagascar	22.375.482
Total	65.015.012

Services pénitentiaires. — Le total des chapitres 44, 45, 46 et 47, s'élève à 9.103.100

Dont 2.870.300 pour le personnel et le reste pour les hôpitaux, les vivres, l'habillement, le couchage, les frais de transport et le matériel.

De ce qui précède il résulte que :

Les dépenses communes et civiles représentent 18 0/0 du budget;

Les dépenses militaires, 72 0/0.

Les dépenses pénitentiaires, 10 0/0

Les Colonies du Globe [1]

La population totale des colonies, protectorats, dépendances, sphères d'influence, se monte en chiffres ronds à 531 millions d'habitants et s'étendent sur la moitié de la surface du globe, couvrant 3 0/0 de la superficie de l'Europe et de l'Amérique du Sud, 27 0/0 de l'Asie, 43 0/0 de l'Amérique du Nord, 80 0/0 de l'Afrique et 90 0/0 de l'Océanie. En ce qui regarde leur population, elle comprend 1 0/0 de l'Europe et de l'Amérique du Sud, 10 0/0 de l'Amérique du Nord, 35 0/0 de l'Asie, 80 0/0 de l'Afrique, et 90 0/0 de l'Océanie. Les contrées gouvernantes possèdent 851 millions d'habitants.

Plus des deux tiers des colonies sont situés dans la zone torride, tandis que les pays gouvernants appartiennent tous à la zone tempérée septentrionale ; ces derniers sont au nombre de 14 et régissent 127 colonies. La Grande-Bretagne en possède 52, avec 357 millions d'habitants et près de 29 millions de km. q.; la France 23, avec 50.372.000 habitants et 8.600.000 km. q.; l'Allemagne 8, avec plus de 11 millions d'habitants et 2 millions 650.000 km. q.; la Hollande 7, avec 31.717.000 habitants et 1.600.000 km. q.; le Portugal 6, avec à peu près 8 millions d'habitants et 2.100.000 km. q.; l'Espagne 4, avec 540.000 habitants et 650.000 km. q.; l'Italie 2, avec 850.000 habitants et 490.000 km. q.; le Danemark 6, avec 129.000 habitants et 225.000 km. q.

L'Autriche, la Russie, la Turquie, la Chine exercent un protectorat ou une suzeraineté sur des territoires adjacents au leur ; l'Autriche-Hongrie sur 2 pays possédant 1.568.000 habitants et couvrant près de 50.000

(1) Cette étude a paru dans le *Siècle* du 26 septembre 1899.

km. q.; la Russie (Finlande non comprise) sur 2, avec 3.200.000 habitants et 290.000 km. q.; la Turquie sur 5, avec 12.393.000 habitants et 2.150.000 km. q.; la Belgique sur 1, avec 30 millions d'habitants et 2.200.000 km. q.; la Chine sur 5, avec 14.500.000 habitants et 7.500.000 km. q.; les Etats-Unis sur 4 (Cuba, Porto-Rico, Hawaï, Philippines), avec 10.217.000 habitants et 400.000 kilomètres carrés.

Les nations européennes possèdent, en Amérique, vingt-deux colonies, d'une population de près de 8 millions d'habitants et d'une superficie de plus de 10 millions de kilomètres carrés. Douze d'entre elles sont sous le contrôle de la Grande-Bretagne : Bahamas, Barbades, Bermudes, Canada, Guyane anglaise, Honduras anglais, Jamaïque, îles Leeward, Terre-Neuve, Trinité, îles Windward, îles Falkland. — Quatre sous le contrôle de la France : la Martinique, Saint-Pierre, la Guadeloupe, la Guyane française. — Quatre au Danemark : Groëland, Saint-John, Saint-Thomas, Sainte-Croix. — Deux à la Hollande : Curaçao et la Guyane hollandaise.

La superficie totale des colonies anglaises en Amérique est de 10 millions de km. q. pour 7.263.160 habitants; celle des colonies françaises, de 128.000 km. q. pour 399.440 habitants; celle des colonies hollandaises, de 120.000 km. q. pour 115.353 habitants, et celle des colonies danoises, de 88.000 km. q. pour 45.633 habitants.

Il se trouve en Europe huit colonies ou pays de protectorat. L'Angleterre en possède deux, Gibraltar et Malte (son autre possession méditerranéenne, Chypre, étant rattachée à l'Asie). Le Danemark en possède également deux, l'Islande et les îles Feroë. L'Autriche-Hongrie a le protectorat de la Bosnie et de l'Herzégovine; la Bulgarie et la Roumélie sont tributaires de la Turquie. La superficie totale des colonies, protectorats ou pays tributaires, en Europe, se monte à environ 290.000 kilomètres carrés, contenant 5.163.000 habitants.

On compte en Asie vingt-cinq colonies : dix sont possessions anglaises : Aden, îles Bahreim, Balouchistan, Ceylan, Chypre, Hong-Kong, Inde anglaise, Malacca, Sikki et les Straits Settlements. La France en compte cinq : Annam, Cochinchine, Cambodge, Inde française, Tonkin. Le Portugal deux : l'île de Macao et un petit territoire aux Indes. La Russie deux : Bokhara et Khiva. La Turquie un : Samos. La Chine cinq : Mandchourie, Mongolie, Thibet, Zungarie, Est-Turkestan.

Les Etats vassaux de l'Inde comprennent près de 1.900.000 km. q., avec 66.060.479 habitants. En les comptant avec les autres possessions anglaises, on trouve que l'Angleterre aurait en Asie, sous sa domination, 4.900.000 km. q. et 292.451.000 habitants, sur les 333 millions auxquels se monte le total de la population des colonies d'Asie.

L'Afrique compte plus de 50 colonies : 20 sont anglaises, 17 françaises, 5 allemandes, 4 portugaises, 3 espagnoles, 2 turques, 2 italiennes et 1 belge.

La domination de l'Angleterre s'étend sur 77.500.000 km. q. et 55 millions d'habitants ; celle de la France sur près de 8.500.000 km. q. et 50 millions d'habitants. Les possessions allemandes comptent 2.500.000 km. q. et 10 millions d'habitants ; les possessions portugaises 1.900.000 km. q. et 5 millions d'habitants ; le Congo belge environ 2.250.000 km. q. et 30 millions d'habitants. Toutefois, ces derniers chiffres n'ont rien d'absolu et doivent être considérés comme tout à fait approximatifs.

Vingt-quatre colonies se trouvent en Océanie, comptant 43 millions d'habitants pour une superficie de près de 11 millions de km. q. L'Angleterre en détient 10, d'une superficie de 8.400.000 km. q., avec 5.250.000 habitants. La Hollande en possède 5; la France 3 ; l'Espagne 2. Plus de la moitié de la population de l'Océanie est sous le contrôle des Pays-Bas.

Presque toutes les colonies, protectorats, dépendances, etc., appartiennent à des nations européennes, dont la population est de 381.685.000 habitants répandus sur une superficie de 28 millions de km. q. à peine, tandis que la superficie de leurs colonies se chiffre par près de 50 millions de km. q. pour une population de 495 millions 192.000 habitants.

Les seuls pays extra-européens qui exercent une suprématie quelconque sur d'autres territoires sont la Chine (Mandchourie, Mongolie, Thibet, Zungarie et Est-Turkestan), — et les Etats-Unis (Cuba, Porto-Rico, Hawaï et les Philippines).

Imp. Mercier, 156, Route de Versailles, Billancourt (Seine).

www.ingramcontent.com/pod-product-compliance
Lightning Source LLC
Chambersburg PA
CBHW061711060726
47597CB00006B/2311